AF635600

Dieses Buch gehört:

WAS IST WAS Erstes LESEN

Christina Braun

Polargebiete

TESSLOFF

Hallo!

Ich bin Karla,
die Küstenseeschwalbe.
Ich komme viel herum,
denn ich fliege im Jahr einmal um die Welt.
Ich brüte in der Gegend um den Nordpol.
Mein Winterquartier
liegt in den Gebieten am Südpol.
In den eisigen Regionen
kenne ich mich sehr gut aus.
Komm mit, lass uns gemeinsam
meine Welt entdecken!

Inhalt

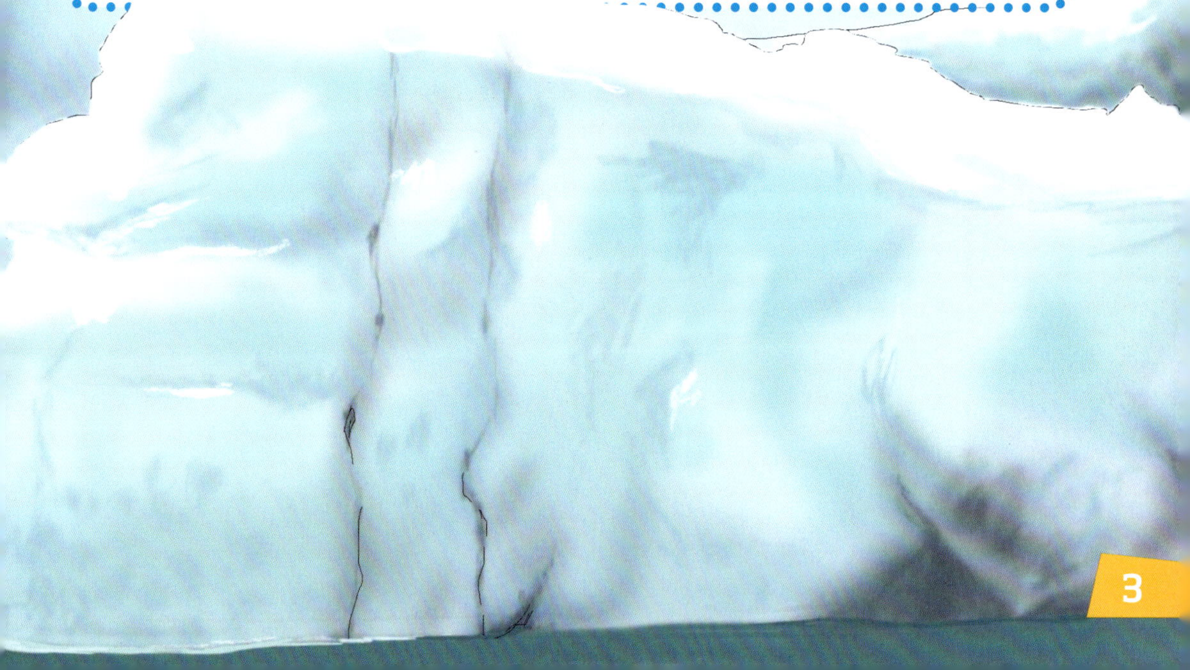

Eisige Welten

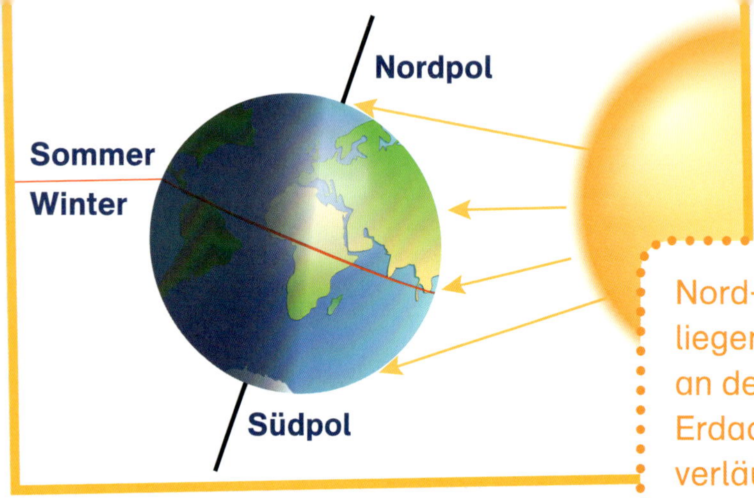

Nord- und Südpol liegen an den Punkten, an denen die gedachte Erdachse durch die Erdkugel verläuft.

Wo liegen die Polargebiete?

Rund um den Nordpol in der Arktis
und den Südpol in der Antarktis
verteilen sich riesige Eisflächen.
Obwohl an den Polen die Sonne scheint,
ist es dort eisig kalt.
Der Einfallswinkel der Sonnenstrahlen
ist viel flacher als am Äquator.
Die Lichtstrahlen haben einen längeren Weg
und verlieren an Kraft.

Hier gibt es zwei Jahreszeiten.
Die Sommer sind kurz
und die Sonne geht nicht unter.
Die langen Winter sind dunkel.
Wenn in der Arktis Sommer ist,
ist in der Antarktis Winter – und umgekehrt!

Geheimnisvolles Licht

In den dunklen Wintermonaten kann man in der Nähe der Pole ein besonderes Licht beobachten, das Polarlicht.
Es zieht sich wie ein farbiger Schleier über den Himmel.

Das Polarlicht entsteht, wenn elektrisch geladene Teilchen der Sonne auf Gasteilchen der Luft treffen.
Polarlichter sind an beiden Enden der Welt zu sehen.

Ein Polarlicht kann die unterschiedlichsten Formen und Farben haben.

Die Arktis

Hoch oben im Norden,
rund um den Nordpol, liegt die Arktis.
Zwei Drittel der Fläche bestehen aus Meer.
Das Nordpolarmeer ist im Winter
von einer meterdicken Eisschicht bedeckt.
Zahllose Inseln und die nördlichen Teile
von Europa, Nordamerika und Asien
gehören ebenfalls zur Arktis.

Meterdicke Eisschichten schwimmen im Meer.

Die Arktis reicht
vom Norden Russlands
über Alaska und Kanada
bis nach Grönland.

Wo beginnt die Arktis?

Es gibt keine genaue Linie,
an der die Arktis beginnt.
Die häufigste Einteilung besagt,
dass die Arktis nördlich der Baumgrenze liegt.
Eine andere Einteilung
zählt die Gebiete zur Arktis,
in denen es im Monat Juli
kälter als zehn Grad Celsius ist.

Hast du gewusst ...

... dass die Bezeichnung Arktis
sich vom altgriechischen Wort für Bär
ableitet? Geografisch liegt die Arktis unter
den Sternbildern Großer und Kleiner Bär.
Die Sternbilder kennst du vielleicht auch
unter dem Namen Großer und Kleiner Wagen.

Die Antarktis

Am anderen Ende der Erdkugel
liegt der Südpol.
Er befindet sich in der Mitte
des Kontinents Antarktika.
Dieser Kontinent besteht aus Landmasse.
Er ist fast vollständig
von einem dicken Eispanzer bedeckt.
Auch die Meere rund um den Südpol
zählen zur Antarktis.

In der Antarktis gibt es auch Berge.
Der höchste von ihnen, der Mount Vinson,
ist 4 897 Meter hoch.

Forscher untersuchen einen zugefrorenen See in der Antarktis.

Weiße Wüste

Der Kontinent Antarktika
ist die größte Eiswüste der Welt.
Hier wurde die bisher niedrigste Temperatur
auf der Erde gemessen:
unvorstellbare minus 98 Grad Celsius!
Es gibt nur sehr wenig Niederschlag
und häufig toben Stürme über den Kontinent.

Diese lebensfeindliche Umwelt
ist nicht dauerhaft von Menschen bewohnt.
Nur Wissenschaftler und Forscher
kommen für eine begrenzte Zeit hierher.

In einem Schutzzelt übernachten die Wissenschaftler auf dem Eis.

Eis hat verschiedene Formen

In den Polargebieten gibt es jede Menge Eis.
Eis besteht aus gefrorenem Wasser.
Es kann ganz unterschiedlich sein,
je nachdem, wo und wie es sich gebildet hat.

Das Eis der **Gletscher** besteht aus Schnee, der vor vielen Jahren gefallen ist. Der Schnee taut nicht. Der ältere Schnee liegt ganz unten und wird immer fester zusammengedrückt. Schließlich entsteht daraus Eis. In Grönland oder der Antarktis können Gletscher kilometerdick sein. Bricht von einem Gletscher ein Stück ab und fällt ins Meer, nennt man das Kalben.

Als **Schelfeis** bezeichnet man riesige Eisplatten aus Süßwasser, die auf dem Meer schwimmen. Bricht von so einer Platte etwas ab, entsteht ein Tafeleisberg.

Eisberge haben ganz unterschiedliche Formen, sind aber immer von einem Gletscher abgebrochen. Nur ein kleiner Teil liegt über dem Wasser. Den Rest sieht man nicht. Deshalb sind Eisberge für die Schifffahrt so gefährlich.

Wenn Meereis gefriert, entstehen zuerst feine Eisnadeln. Bei unruhiger See bilden sich runde, tellerartige Formen – das **Pfannkucheneis**.

Wenn Wind und Meeresströmung kleinere Eisschollen zusammenschieben, entsteht **Packeis**. Der Eispanzer wird bis zu acht Meter dick.

Die Kleidung aus Tierfell schützt vor Kälte.

Menschen im ewigen Eis

Die bekanntesten Bewohner der Arktis
sind die Inuit in Grönland und Kanada.
Sie lebten früher als Nomaden
und gingen auf die Jagd.
Aus dem Fell der erlegten Tiere
stellten sie ihre Kleidung her.
Hast du gewusst, dass das Wort „Anorak“
aus der Sprache der Inuit stammt?

Heute leben die meisten Inuit in Holzhütten.
Manche haben ihre Heimat verlassen,
um in größeren Städten zu leben.

In der Antarktis leben keine Menschen.
Hier ist es viel zu kalt.

Eine moderne Siedlung der Inuit, umgeben von Eis und Schnee.

Karlas Lesequiz

1 Wie fallen die Sonnenstrahlen am Nordpol ein?

a) Kerzengerade

b) Flach

c) Die Sonne scheint dort nicht.

2 Was liegt unter der Eisschicht der Antarktis?

a) Unter dem Eis liegt ein Kontinent.

b) Darunter liegt nichts, nur Wasser.

c) Die Antarktis ist ein zugefrorener See.

3 Wie nennt man es, wenn ein Stück eines Gletschers abbricht und ins Meer stürzt?

a) Muhen

b) Mähen

c) Kalben

Lösung: 1b), 2a), 3c)

Tiere und Pflanzen

in den Polargebieten

Der mächtige Blauwal ist das schwerste Tier der Welt.

Die Riesen der Meere

Im kalten Wasser der Arktis
finden sich im Frühjahr und Sommer
zahlreiche Wale ein.
Die riesigen Säugetiere kommen hierher,
wenn das Meereis im Frühjahr zurückgeht.
Nur dann können sie
an die Oberfläche kommen,
um zu atmen.
Den Winter verbringen die Wale im Süden.

Der Buckelwal ist in allen Weltmeeren zu Hause. Den Sommer verbringt er in den Polarmeeren. Dort findet er genügend Futter und frisst sich eine dicke Fettschicht an.

Buckelwal

Grönlandwal

Der Grönlandwal ist ein Dickschädel! Mit seinem Kopf kann er wie ein Eisbrecher dünnere Eisdecken durchstoßen. Eine dicke Speckschicht schützt ihn vor dem kalten Wasser.

Der Weißwal wird auch Beluga genannt. Die helle Farbe ist eine gute Tarnung.

Beluga

Hast du gewusst ...

... dass alle Wale, die in den Polarregionen unterwegs sind, keine Rückenflosse haben? Die Flosse könnte zwischen Eisplatten eingeklemmt werden.

Pinguine sind gute Schwimmer. Sie jagen im Wasser nach Fischen.

Tauchende Flitzer

Der Lebensraum der Pinguine ist die südliche Erdhalbkugel. In der Antarktis leben sieben Pinguinarten. Sie sind perfekt an das Leben im eisigen Meer angepasst. Die Vögel können nicht fliegen, aber sie sind sehr flinke Schwimmer. Ihr Gefieder besteht aus wärmenden Daunen und ist wasserdicht.

Pinguine leben in Kolonien zusammen. Sie brüten zusammen, jagen gemeinsam und wärmen sich gegenseitig.

Gemeinsames Kuscheln hält die Pinguine warm.

Kaiserpinguin

Adeliepinguin

Goldschopfpinguin

Unterschiedliche Frackträger

Die Kaiserpinguine bauen keine Nester,
sie brüten direkt auf dem Eis.
Damit das Ei nicht auskühlt,
halten es die Eltern auf ihren Füßen
und wärmen es in ihrer Bauchfalte.

Adeliepinguine tragen lange Schwanzfedern.
Die weißen Ringe um ihre Augen
und der kleine Schnabel
sind ihr Kennzeichen.

Der Goldschopfpinguin hat lange,
goldfarbene Federn auf der Stirn.
Sie wachsen ab einem Alter
von etwa einem Jahr.

Auch unter Wasser hat der Eisbär die Augen geöffnet.

Gefährliches Raubtier

Der Eisbär ist der König der Arktis.
Auf allen vieren
schreitet er über das Eis
und hält Ausschau nach Beute.
Er verspeist am liebsten Robben,
Fische und Walrosse.

Eisbären und Pinguine können sich nie begegnen. Sie leben auf unterschiedlichen Seiten der Erde.

An Land und im Wasser

Der schnelle Jäger kann
bis zu 35 Stundenkilometer rennen.
Schwimmhäute zwischen seinen
Vorderpfoten machen ihn zu einem
ausgezeichneten Schwimmer.

Die kräftigen Pfoten des Eisbären
wirken unter Wasser
wie kleine Paddel.

Gut angepasst

Der Einzelgänger ist perfekt
an ein Leben in der Kälte angepasst.
Eine dicke Fettschicht wärmt den Eisbären.
Die Haut unter seinem Fell ist schwarz.
Sie nimmt die Sonnenwärme sehr gut auf.
Die Deckhaare des Fells sind innen hohl
und mit Luft gefüllt.
Das hält den Eisbären warm.
Seine Tatzen sind auf der Unterseite behaart.
Diese Haare sorgen dafür,
dass der Bär auf dem Eis nicht rutscht,
und wärmen ihm die Pfoten.

Am Kopf des Eisbären
siehst du ein Stück
der schwarzen Haut.

Zum Luftholen kommt
die Weddellrobbe
an die Wasseroberfläche.

An Land und im Wasser

Robben leben hauptsächlich
in polaren Gebieten.
An Land bewegen sie sich langsam,
aber im Wasser sind sie schnelle Jäger.

Robben leben in Kolonien zusammen.
Sie legen sich auf das Eis oder Steine,
um sich in der Sonne zu wärmen.
Ihre Jungen ziehen sie an Land groß.

Alle Robben fressen Fleisch.
Sie ernähren sich von Krill und Fischen.
Je nach Robbenart sind auch Muscheln,
Schnecken oder Tintenfische dabei.

Die Ringelrobbe
genießt die Sonnenstrahlen
auf dem Eis.

Durch ihr weißes Fell sind die jungen Sattelrobben kaum zu sehen.

Hoch im Norden

Die Ringelrobbe ist in der Arktis häufig.
Ihr Name kommt von den hellen Ringeln.
Am liebsten hält sie sich im Wasser auf.

Sattelrobben sind schnelle Schwimmer.
Das Fell der jungen Sattelrobben ist weiß.
So sind sie auf dem Eis gut getarnt.

Tief im Süden

In der Antarktis lebt der Südliche See-Elefant.
Er legt bis zu 80 Kilometer am Tag zurück
und kann bis zu 2000 Meter tief tauchen.

Hast du gewusst ...

... dass die 1,5 Tonnen schweren Walrosse sich mit ihren auffälligen Stoßzähnen selbst aus dem Wasser ziehen können?

Überleben in eisigen Welten

Um in der eiskalten Arktis zu überleben, nutzen Tiere unterschiedliche Taktiken.

Der Polarfuchs und der Polarhase tragen im Winter ein weißes Fell. So sind sie im Schnee gut getarnt. Außerdem ist das Winterfell sehr dicht und hält die Tiere warm. Im Sommer ist ihr Fell braun und sie fallen nicht auf.

Der Polarhase und der Polarfuchs passen ihr Fell an die Jahreszeiten an. So sind sie immer gut getarnt.

Ein Rudel
wird vom Leitwolf
angeführt.

Gemeinsam sind wir stark

Andere Tiere setzen auf die Gemeinschaft. Polarwölfe leben in Rudeln zusammen und gehen gemeinsam auf die Jagd. So können sie größere Tiere wie Rentiere oder Moschusochsen erlegen.

Auch Rentiere leben in Herden zusammen, denn die Gruppe bietet Schutz vor Angreifern. Auf der Suche nach Futter unternehmen Rentiere weite Wanderungen. Einzelne Kleingruppen schließen sich dafür zu einer Riesenherde zusammen.

Dank ihrer breiten Hufe
versinken Rentiere
nicht im Schnee.

Hoch in der Luft

Im Sommer taut das Eis der Arktis auf.
Dann bilden sich viele Pfützen und Sümpfe.
Dort legen Fliegen und Mücken ihre Eier ab.
Sie sind für viele Vögel ein Leckerbissen.
Millionen von Zugvögeln kommen
im Sommer in die Arktis, um zu brüten.

Der Papageientaucher brütet
mit vielen anderen Artgenossen in Kolonien.
Er fängt für sich und seinen Nachwuchs Fisch.

An steilen Hängen brütet der Papageientaucher.

Papageientaucher

Albatros

Echte Rekordhalter

Auch in der Antarktis gibt es Vögel.
Sie leben am Rand der Eisdecke
und können alle lange in der Luft bleiben.

Der Albatros ist ein Riese.
Die Spannweite seiner Flügel
beträgt 3,50 Meter.
Beim Landen stolpert der Albatros leicht
und macht dann einen Purzelbaum.

Hast du gewusst ...

... dass die Küstenseeschwalbe
während des Flugs schlafen kann?
Eine der beiden Gehirnhälften schläft,
während die andere wach bleibt
und die Richtung beibehält.

Plankton sind Kleinstlebewesen, die sich durch die Meeresströmung fortbewegen.

Winzlinge im eiskalten Wasser

Das eiskalte Wasser der Polarmeere
ist die Heimat vieler Tiere und Pflanzen.
Manche sind so winzig,
dass man sie mit bloßem Auge
nicht erkennen kann.
Sie werden Plankton genannt
und sind die Nahrungsgrundlage für viele Tiere.

Fische, Vögel, Robben
und der mächtige Blauwal
ernähren sich von Kleinstkrebsen.
Diese Krebse nennt man Krill.

Etwa 900 Kilogramm Krill frisst ein Blauwal an einem einzigen Tag.

Krill

Ein Taucher filmt
die Antarktische Riesenqualle
unter dem Eis.

Giganten im Eismeer

Fast einen Meter Durchmesser
hat der Schirm der Antarktischen Riesenqualle.
Sie jagt mit ihren Tentakeln Plankton.

Tief unten im Meer findet man
den fast zwölf Meter langen Riesenkalmar.
Die Beute fängt er mit seinen zehn Armen.
Bei Gefahr schießt er blitzschnell davon.

Hast du gewusst ...

... dass einige Fische, Algen und Bakterien
einen körpereigenen Frostschutz haben?
So können sie im eisigen Wasser überleben.

Die Pflanzen in den Polargebieten sind nur wenige Zentimeter hoch.

Blühende Sommer

Während der kurzen Sommermonate
sind Teile der Arktis und Antarktis eisfrei.
Pflanzen nutzen die wenigen Sonnenstrahlen
und die karge Landschaft
verwandelt sich in ein Blumenmeer.

Die meisten Pflanzen der Polargebiete
sind klein und blütenlos.
In den gefrorenen Böden
können sich keine tiefen Wurzeln bilden,
die den Pflanzen Halt geben.
Bäume und höhere Sträucher gibt es hier nicht.

Selbst auf Steinen wachsen die Flechten.

Klein, aber oho

In den Polarregionen findet man
vor allem niedrig wachsende Bodendecker.
Dazu gehören Moose und Flechten.
Beide nehmen Wasser schnell auf,
können aber auch austrocknen,
ohne dabei abzusterben.
Sie sind richtige Überlebenskünstler!

Bunter Schnee

In Gletschern und auf Schneefeldern
gedeihen Schneealgen.
Taut der Schnee im Sommer auf,
wachsen die Algen und färben
den weißen Untergrund rot, gelb und grün.

Schnee, der von Algen rot gefärbt wird, nennt man auch Blutschnee.

Pflanzen der Arktis

Die Pflanzen der Arktis blühen nur im Sommer. In der kargen Landschaft bleiben sie klein. Ihre Samen müssen die Pflanzen in einem kurzen Zeitraum verbreiten.

Rentierflechte

Die **Rentierflechte** ist die Leibspeise der Rentiere. Sie fressen täglich etwa zwei Kilogramm dieser trockenen Pflanze.

Arktische Weide

Sie sieht nicht so aus, aber die **Arktische Weide** ist ein kleiner Strauch. Sie wächst flach am Boden. So kann sie den eisigen Winden standhalten.

Himmelsleiter

Die **Himmelsleiter**
heißt auch Jakobsleiter.
Im Juli und August
hat sie hübsche blaue Blüten.

Kalksandkraut

Das **Kalksandkraut**
bildet flache Kissen und
duftet sehr angenehm.

Arktischer Mohn

Der **Arktische Mohn** ist ein Sonnenfänger.
Seine Blüte dreht sich immer zur Sonne,
sodass die Samen in kürzester Zeit reifen.
Die Samen werden durch den Wind
verbreitet.

Zwergbirke

Die **Zwergbirke**
heißt auch Polarbirke.
Sie wird nur etwa
einen Meter groß.
Im Herbst färbt sich
ihr Laub gelborange.

Pflanzen der Antarktis

In der Antarktis findet man
nur zwei einheimische Samenpflanzen.
Auf Felsen und im Geröll wachsen Flechten.

Antarktische Perlwurz

Die **Antarktische Perlwurz** wächst in Büscheln und wird etwa fünf bis zehn Zentimeter hoch.

Die **Antarktische Schmiele** ist ein Süßgras. Es wächst wie ein Polster und kann bis zu 30 Zentimeter hoch werden.

Antarktische Schmiele

Karlas Lesequiz

1 Wer ist der König der Arktis?

a) Der Kaiserpinguin

b) Die Königskobra

c) Der Eisbär

2 Was für ein Tier ist der Beluga?

a) Der Beluga ist ein Weißwal.

b) Er ist ein Bär der Antarktis.

c) Das ist ein Fisch, der in der Tiefsee lebt.

3 Was fressen die meisten Meeresbewohner?

a) Kroll

b) Krill

c) Krull

Lösung: 1c), 2a), 3b)

Forscher und Abenteurer

Die Nordwestpassage im Nordpolarmeer verbindet den Atlantik mit dem Pazifik.

Roald Amundsen

Aufbruch ins Eismeer

Bereits im 16. Jahrhundert
wagten Seefahrer sich
ins nördliche Eismeer vor.
Sie waren auf der Suche
nach dem Seeweg von Europa nach Asien.
Aber das meterhohe Packeis
war für die Expeditionen unüberwindbar.

Dem Norweger Roald Amundsen
gelang im Jahr 1906 die Nordwestpassage,
die Durchfahrt der Meerenge zwischen
Grönland und Kanada.

Der erste Mensch am Nordpol

Natürlich war auch der Nordpol
ein Ziel für abenteuerlustige Entdecker.
Zahlreiche Expeditionen versuchten,
den Nordpol zu erreichen.

Im Jahr 1909 verkündete
der Amerikaner Robert Peary,
zu Fuß den Nordpol erreicht zu haben.
Bis heute gibt es allerdings Zweifel,
ob er wirklich am geografischen Nordpol war,
denn er hatte keine Beweise hierfür.

Ganz sicher weiß man,
dass der Brite Walter William Herbert
es 1969 zu Fuß zum Nordpol geschafft hat.

Die Ausrüstung der Peary-Expedition wird auf Schlitten verladen.

Mit Skiern und Schlitten bewegten sich die Entdecker über das Eis.

Die Entdeckung des Südpols

Der britische Seefahrer James Cook war der Erste, der um 1775 den südlichen Polarkreis überquerte. Er sah Eisberge und Pinguine, aber den antarktischen Kontinent betrat er nicht.

Erst am Ende des 19. Jahrhunderts machten sich die ersten Expeditionen auf. Ein wahres Wettrennen entbrannte. Jeder wollte der Erste am Südpol sein. 1907 brach der Brite Ernest Shackleton auf, um als erster Mensch den Südpol zu erreichen. Rund 180 Kilometer vor dem Ziel musste er erschöpft aufgeben.

Kopf an Kopf

1911 lieferten sich zwei Expeditionen
einen regelrechten Wettlauf zum Südpol.
Der britische Kapitän Robert F. Scott
und der Norweger Roald Amundsen
wollten beide als Erste den Südpol erreichen.

Amundsen erreichte als erster Mensch
den südlichsten Punkt der Welt.
Als Zeichen, dass er am Pol war,
stellte er die norwegische Fahne auf.

Robert F. Scott kam
vier Wochen später am Südpol an.
Seine Enttäuschung war groß,
als er die norwegische Flagge
seines Konkurrenten im Eis wehen sah.

Amundsen und Scott
wählten unterschiedliche
Routen zum Südpol.
Der Norweger
erreichte das Ziel
am 14. Dezember 1911.

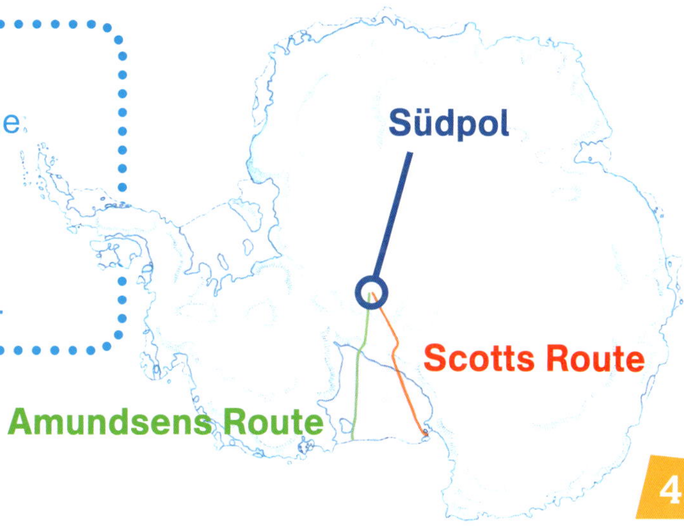

Dicke Schneeanzüge schützen die Forscher vor der eisigen Kälte.

Polarforschung heute

Um das Klima zu verstehen,
ist die Forschung in der Arktis und Antarktis
von großer Bedeutung.
Zum Klima zählt man die Temperatur,
den Niederschlag und die Luftfeuchtigkeit.
Wissenschaftler untersuchen alles an Land,
im Wasser und in der Luft.
Dafür fahren sie auf Schiffen durchs Eis
oder leben auf einer Forschungsstation.
Sie sammeln Klimadaten
oder messen die Bewegungen der Erdplatten.
So können Erdbeben vorhergesagt werden.

Wie dick ist das Eis?

Forscher notieren seit vielen Jahrzehnten
die Temperaturen in den Polargebieten.
In den letzten 30 Jahren
ist es in der Arktis und Teilen der Antarktis
immer wärmer geworden.
Das Eis schmilzt
und geht mehr und mehr zurück.

Bei Bohrungen in den Gletschern erfahren
die Wissenschaftler viel
über das Klima der letzten Jahrtausende.
Im Eis ist die Asche von Vulkanausbrüchen
oder uralter Blütenstaub eingeschlossen.

Mit einem riesigen Bohrer
werden Proben
aus dem Gletschereis
genommen.

Hast du gewusst ...

... dass es im Eis von Leben wimmelt?
Forscher tauen die Proben auf und
untersuchen sie im Labor.

Auf dem Forschungsschiff „Polarstern“

Mit dem deutschen Forschungsschiff „Polarstern“
sind viele Wissenschaftler,
zum Beispiel Meeresforscher und Biologen,
in der Arktis und Antarktis unterwegs.
An Bord des Schiffes ist Platz
für 55 Wissenschaftler und 43 Mann Besatzung.

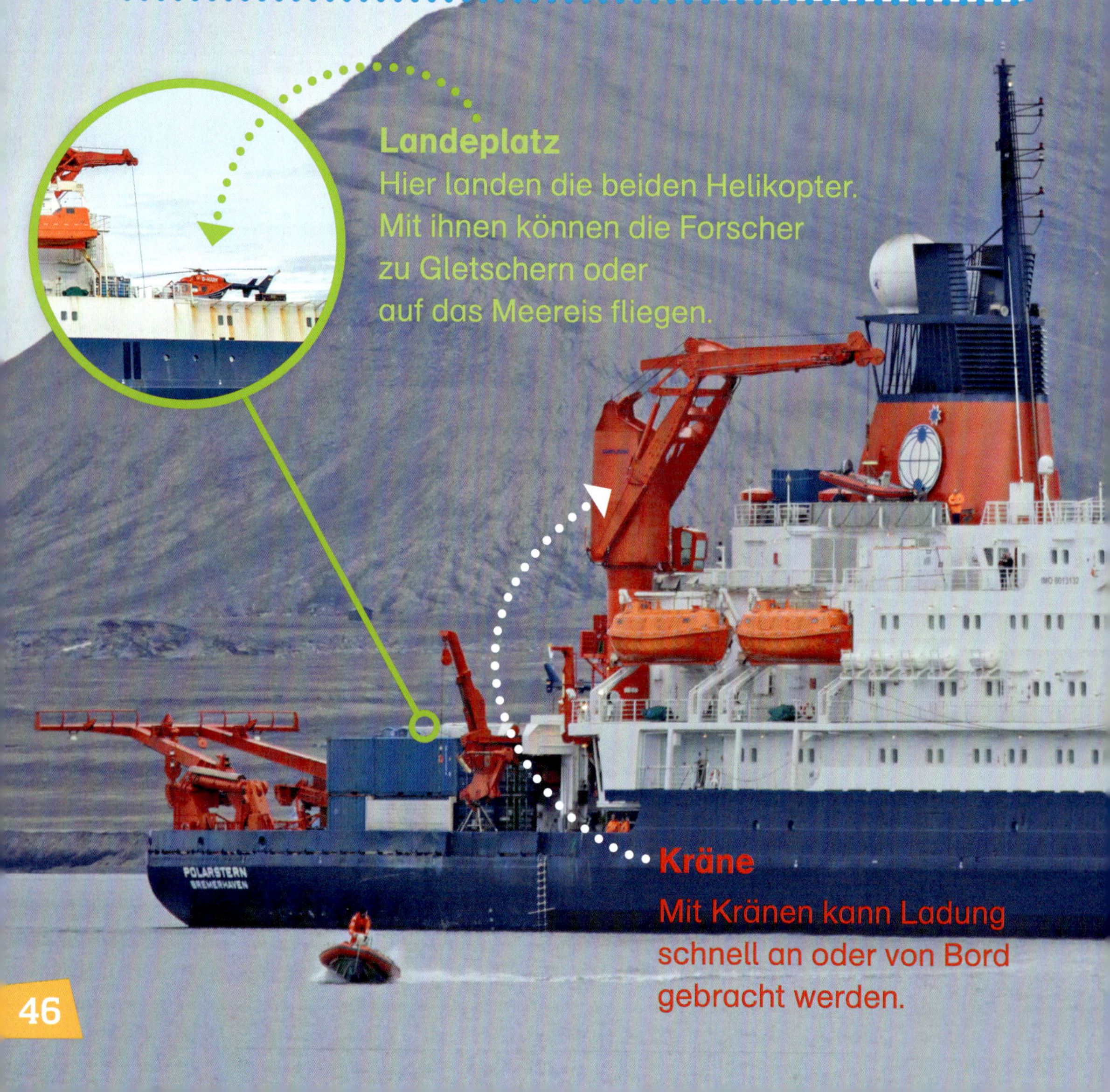

Satellitenantennen

Über die Antennen ist das Schiff mit der ganzen Welt verbunden. Die Forscher erhalten wichtige Wetterdaten.

Brücke

Als Brücke bezeichnet man die Kommandozentrale des Schiffs. Hier arbeitet der Kapitän mit seinen Offizieren und steuert das Schiff.

Labore

Auf dem Schiff gibt es fünf Trockenlabore und zwei Nasslabore. Die Forscher können an Bord ihre Untersuchungen durchführen.

Forschen im ewigen Eis

Die deutsche Neumayer-Station III
ist eine von ungefähr 85 Forschungsstationen
in der Antarktis.
Seit 2009 erforschen Wissenschaftler hier
das Wetter und das Klima.

Die ganze Station ist aus Containern gebaut.
Darin sind Wohn- und Schlafräume, Küche,
Funkraum und Sanitärräume untergebracht.

Im Sommer leben bis zu 50 Menschen hier.
Im Winter ist die Station
mit neun Menschen besetzt.

In der Tiefgarage unterhalb der Station parken Pistenbullys und Motorschlitten.

Karlas Lesequiz

1 Welcher Mensch war als Erster am Südpol?

a) Ernest Shackleton
b) Roald Amundsen
c) Robert F. Scott

2 Wer lebt heute in der Antarktis?

a) Einige Forscher
b) Die Inuit
c) Niemand

3 Wie heißt das deutsche Schiff, das die Polarregionen erforscht?

a) Polarstern
b) Polarlicht
c) Polarsonne

Lösung: 1b), 2a), 3a)

Polargebiete in Gefahr

Forscher lassen einen Wetterballon steigen. An ihm hängen Sonden, die Wetterdaten messen.

Warum sind die Pole so wichtig?

Für das Klima auf der Erde spielen die Polarregionen eine wichtige Rolle. Die kalte Luft und das kalte Wasser an den Polen wirken wie eine Klimaanlage für unseren Planeten Erde.

Durch Wind und Meeresströmungen gelangt das kalte Polarwasser bis zum Äquator. Es kühlt nicht nur die Polargebiete, sondern auch Teile von Afrika und Südamerika.

Hast du gewusst ...

... dass die größte Meeresströmung der Erde im Südpolarmeer verläuft?
Sie transportiert gewaltige Mengen Wasser und ist für das Klima sehr wichtig.

Die riesigen Eisflächen reflektieren das Sonnenlicht und sorgen ebenfalls dafür, dass es auf der Erde nicht zu heiß wird.

Helle Flächen reflektieren die Sonnenstrahlen.
Das Meer nimmt die Sonnenwärme auf.

Die Eisflächen der Arktis werden seit knapp 30 Jahren immer kleiner.

Das Klima im Wandel

Sicherlich hast du vom Klimawandel gehört.
Forscher warnen davor,
dass sich unsere Erde zu stark erwärmt.
Das Eis in den Polargebieten schmilzt.
Wissenschaftler vermuten,
dass das Nordpolarmeer bereits
in wenigen Jahrzehnten im Sommer
eisfrei sein könnte.

Das hat Folgen für viele Tiere und Pflanzen:
Der Eisbär würde aussterben.
Er braucht das Meereis,
um darauf zu jagen.
Bereits heute findet er
in der Arktis kaum noch
genügend Nahrung.

Überschwemmungen sind Folgen der Veränderungen des Klimas.

Folgen für den Menschen

Auch der Mensch
ist vom Klimawandel betroffen.
Wenn die riesigen Eismassen schmelzen,
steigt der Meeresspiegel.
Tief liegende Inseln und Küstenregionen,
die auf Höhe des Meeresspiegels liegen,
könnten überschwemmt werden.

Auch starke Regenfälle
können Folgen der Klimaerwärmung sein.
Höhere Temperaturen führen zu
Trockenheit und Dürre.

Wenn der Meeresspiegel steigt, werden Inseln in der Südsee überschwemmt.

Um die Tier- und Pflanzenwelt
zu schützen,
sollen nicht zu viele Schiffe
durch die Polargebiete fahren.

Der Schutz der Pole

Die eisigen Welten sind bedroht.
Darum gibt es strenge Regeln,
was in der Arktis und Antarktis erlaubt ist.

In der Arktis sind kleinere Gebiete
unter Schutz gestellt worden.
Dort darf nicht gefischt werden
und die Förderung von Erdöl und Erdgas
ist verboten.

In die Antarktis dürfen keine fremden Tiere und
Pflanzen mitgebracht werden.
Bodenschätze dürfen nicht abgebaut werden.

Viele Fabriken
geben große Mengen
Kohlendioxid
an die Umwelt ab.

Jeder kann dem Klima helfen

Das schädliche Gas Kohlendioxid
ist der Hauptverursacher
des Klimawandels.
Es entsteht, wenn Kohle, Benzin,
Erdöl oder Gas verbrannt werden.
Darum ist Energiesparen so wichtig.
Licht aus, wenn du nicht im Zimmer bist.
Das Rad statt das Auto nehmen,
den Zug statt das Flugzeug.

Jeder kann beitragen, das Klima zu schützen.
Schon viele kleine Maßnahmen helfen!

Wenn du das Rad nimmst,
statt dich mit dem Auto
fahren zu lassen,
schützt du das Klima.

Sag mal, Karla ...

... ist es nicht anstrengend, jedes Jahr so eine weite Strecke zu fliegen?

Nein, nicht für mich! Ich mag den Sommer lieber als den Winter. Daher bin ich im Sommer in der Arktis. Und wenn es dort zu kühl wird, fliege ich zum Südpol. Denn dort ist dann Sommer, wenn bei euch hier in Deutschland Winter ist.

Was ist dir in den letzten Jahren bei deinen Flügen aufgefallen?

Ich sehe, dass die Eisflächen kleiner werden. Es ist immer noch viel Eis da, aber es wird eben weniger. Das kommt vom Treibhauseffekt. Er sorgt dafür, dass sich die Erde stärker erwärmt. Dadurch schmilzt auch das Eis.

Aber wärmere Temperaturen sind doch gut?

Naja, das ist nicht so leicht zu beantworten. Auf der Erde hängt alles zusammen. Wird es wärmer, gibt es nicht so viel Krill. Sein Lebensraum ist das kalte Wasser. Dadurch finden Fische, Wale und Robben weniger zu fressen. Und damit fehlt dann auch den Eisbären Nahrung. Es ändern sich nur Kleinigkeiten, doch manche haben große Auswirkungen.

Hast du einen Lieblingsplatz auf der Erde?

Oh ja! Ich finde die Arktis wunderschön. Wenn die Sonne sich in den Eisbergen spiegelt, die Wale in Ruhe schwimmen und die Eisbären friedlich durch den Schnee tapsen, dann ist das meine Erholung.
Ich bin weit oben in der Luft und kann nicht gefressen werden.

Danke Karla! Und gute Reise!

Karlas großes Lesequiz

1 Was liegt unter dem Eis der Arktis?

a) Darunter liegt ein ganzer Kontinent.

b) Man findet dort ein Unterwasserboot.

c) Darunter ist nichts, nur Wasser.

2 Wo beginnt die Arktis?

a) Sie beginnt nördlich des Polarkreises.

b) Sie beginnt nördlich der Baumgrenze.

c) Sie beginnt nördlich des Äquators.

3 Welcher ist der kälteste Kontinent?

a) Arktis

b) Asien

c) Antarktis

Lösung: 1c), 2b), 3c)

4 Wie nennt man einige der Ureinwohner der Arktis?

a) Aborigines

b) Indianer

c) Inuit

5 Wo brüten Kaiserpinguine ihre Jungen aus?

a) Das Ei wird in einem Nest ausgebrütet.

b) Das Ei wird auf den Füßen der Eltern ausgebrütet.

c) Das Ei liegt in einer Schneekuhle.

6 Zu welcher Tierklasse gehören Pinguine?

a) Zu den Fischen.

b) Zu den Säugetieren.

c) Zu den Vögeln.

Lösung: 4c), 5b), 6c)

7 Welche Farbe hat die Haut des Eisbären?

a) Sie ist rosa.

b) Sie ist schwarz.

c) Sie ist weiß.

8 Wie heißt eine häufige Robbenart?

a) Tüpfelrobbe

b) Graurobbe

c) Ringelrobbe

9 Was wechselt der Polarfuchs im Sommer?

a) Seinen Bau

b) Sein Fell

c) Seine Zähne

Lösung: 7b), 8c), 9b)

10 Was ist die Leibspeise der Rentiere?

a) Heu

b) Gras

c) Flechten

11 Wer war der erste Mann am Nordpol?

a) James Cook

b) Robert Peary

c) Ernest Shackleton

12 Wie heißt eine deutsche Forschungsstation in der Antarktis?

a) Schlaumayer I

b) Eismayer II

c) Neumayer III

Lösung: 10c), 11b), 12c)

Bildquellennachweis

Alfred-Wegener-Institut: 12ur (Stefan Hendricks), 44 (Stefan Hendricks), 45 (Sepp Kipfstuhl), 46-47 (Polarstern: Thomas Krumpen/ CC-BY 4.0), 46 (Landeplatz: Thomas Ronge), 47 (Brücke: Stefan Hendricks), 47 (Labor: Stefan Hendricks), 48o (Stefan Christmann/CC-BY 4.0), 48u (Stefan Christmann/ CC-BY 4.0), 52 (Wetterballon: René Buergi), 63 (Stefan Christmann/CC-BY 4.0); **Archiv Tessloff:** 1, 2-3, 8ul (Seeschwalbe), 13or, 15or, 22ur, 29ur, 37, 41o, 49o, 53or, 58, 60; **picture alliance:** 19ml (Yuri Smityuk/TASS/dpa), 31 (Minden Pictures/ Norbert Wu), 41u (akg-images), 42 (akg-images); **Shutterstock:** 4-5 (MrPhotoMania), 6ol (Designua), 7ur (V. Belov), 7ur (Kreis: Petri jauhiainen), 8ul (Eislandschaft: Denis Burdin), 9ur (angelinast), 9or (ugljesa), 10or (ugljesa), 10u (Wayne Morris), 11ur (I. Noyan Yilmaz), 11or (Jan Martin Will), 12ml (Curioso), 13ol (posteriori), 13mr (Geraldas Galinauskas), 13ul (Pics-xl), 14or (sirtravelalot), 14ul (Vadim Nefedoff), 16-17 (Jang Taelin), 18o (Andrew Sutton), 19ur (Luna Vandoorne), 19or (Paul S. Wolf), 20ol (Silvia Pascual), 20ur (Sergey 402), 21ol (TravelMediaProductions), 21om (Ellen Rykers), 21or (Tetyana Dotsenko), 22o (Vlad G), 23ul (Alexey Seafarer), 23or (KARI K), 24ol (james_stone76), 24ul (polarman), 25or (Enrique Aguirre), 25ur (tryton2011), 26u (Polarfuchs Winter: Andrew Astbury), 26 (Polarfuchs Sommer: Ondrej Prosicky), 26 (Polarhase Winter: sirtravelalot), 26 (Polarhase Sommer: Antero Topp), 27or (Mircea Costina), 27 (evgenii mitroshin), 28ul (Coatesy), 28ur (Xavier Boluda), 29o (Giedriius), 30ol (Choksawatdikorn), 30ur (Blauwal: Rich Carey), 32 (Erin Crum), 33o (Russell Tur), 33ul (gary yim), 34ul (Alexander Piragis), 34or (ET1972), 35ol (Himmelsleiter: Nick Pecker), 35ml (Arktischer Mohn: Vladimir Melnik), 35ur (Zwergbirke: Irina Borsuchenko), 38-39 (Stu Shaw), 50-51 (Ritesh Chaudhary), 53u (ValentinaKru), 54ur (FloridaStock), 55o (Santanor), 55u (Todd Hackwelder), 56 (Ondrej Prosicky), 57ul (LeManna), 57o (Kodda), 61o (sirtravelalot), 61u (Silvia Pascual), 62 (polarman); **Thinkstock:** 43ur (Dorling Kindersley/ Sallie Alane Reason); **Wikipedia:** 30ul (Krill: CC-BY-SA-3.0-migrated/Uwe Kils), 35or (Kalksandkraut: CC-BY-SA-3.0/Bjoertvedt), 36ol (CC-BY-SA-2.0/ Liam Quinn), 36ur (CC-BY-SA-3.0/ Sharon Chester), 40o (Public Domain), 40mm (NOAA/ Public Domain), 54o (NASA/ Public Domain)
Umschlagfotos: Shutterstock: U1 (Gaearon Tolon), U4 (JoannaPerchaluk)

Text: Christina Braun
Lektorat: Inga Klingner
Illustrationen: Annelie Stenzel
Bildredaktion: Christine Schmidt-Rudloff
Gestaltung: Ruth Koch
Umschlaggestaltung: Ruth Koch

ISBN 978-3-7886-2645-7

FSC www.fsc.org MIX Papier aus verantwortungsvollen Quellen FSC® C043106

WAS IST WAS
Erstes LESEN
Band 1
Wale und Delfine
ORIGINAL
TESSLOFF

WAS IST WAS
Erstes LESEN
Band 2
Planeten
ORIGINAL
TESSLOFF

WAS IST WAS
Erstes LESEN
Band 3
Vulkane
ORIGINAL
TESSLOFF

WAS IST WAS
Erstes LESEN
Band 4
Natur entdecken
ORIGINAL
TESSLOFF

WAS IST WAS
Erstes LESEN
Band 5
Bienen
ORIGINAL
TESSLOFF

WAS IST WAS
Erstes LESEN
Band 6
Wald
ORIGINAL
TESSLOFF

WAS IST WAS
Erstes LESEN
Pferde und Ponys
ORIGINAL
TESSLOFF

WAS IST WAS
Erstes LESEN
Band 8
Wetter
ORIGINAL
TESSLOFF

WAS IST WAS
Erstes LESEN
Band 9
Polargebiete
ORIGINAL